Série Usborne – L'agent Secret

MESSAGES SECRETS

Falcon Travis
Judy Hindley

Illustration en couleurs:
Colin King

Illustrations en noir et blanc:
John Jamieson

A propos de ce livre

Un bon agent secret doit savoir communiquer avec les membres de son réseau à l'insu de l'Ennemi et il se sert pour cela de nombreux trucs et astuces: le "drop" (la poste des espions), les messages codés, les encres invisibles, les indices, points de repère et autres moyens pour se reconnaître et échanger des informations.

Vous trouverez dans ce livre comment écrire des messages secrets, des codes à élaborer et à déchiffrer, comment tromper l'adversaire et lui tendre des pièges, et de judicieux stratagèmes pour entrer en contact avec un autre A.S.

Il y a aussi une mini-panoplie d'A.S., des jeux et des énigmes pour tester vos capacités. Alors, lancez-vous dans l'aventure!

© Usborne Publishing Ltd 1978
© Hachette, Paris, 1979 pour la version française
© Usborne Publishing Ltd 1989

Imprimé en Belgique.

Série Usborne – L'agent Secret

MESSAGES SECRETS

Sommaire

Le Message Secret livré...
En Secret

L'A.S. et son « Contact »
(on dit aussi « Correspondant ») excellent
dans l'art d'échanger secrètement des
messages généralement codés. Cet échange a
lieu au cours d'une rencontre, à une heure et
en un endroit convenus d'avance. Personne
ne doit pouvoir deviner qu'un A.S. remet un
message à son Correspondant ou vice versa.
Le tour de passe-passe est ici de rigueur !

1 Le Rendez-vous

Les expositions sont le
lieu de rencontre préféré
des A.S. et de leurs
Contacts.

PSSST...
PLAN X

Les intéressés font mine
d'admirer les tableaux,
même s'ils n'aiment pas
la peinture !

MESSAGE
DANS UN LIVRE

S'ils se croient surveillés,
ils peuvent immédiatement
mettre en œuvre
un plan d'urgence.

Ils échangent secrètement
le message sans que l'on
puisse deviner
qu'ils se connaissent.

Si vous entendez dire qu'un A.S. a réussi un « drop » n'allez pas imaginer qu'il a réussi un exploit sur un terrain de rugby ou qu'il a sauté en parachute. Dans son jargon, cela signifie simplement qu'il a livré un message secret.

Bien entendu, il existe cent manières de « dropper » un message. Chacune possède sa propre variante à laquelle l'A.S. et son Correspondant ont recours sur un signal convenu.

1 La boîte aux lettres

Certains A.S. ne rencontrent jamais leur Contact. L'A.S. vient dans une bibliothèque rendre

2

un livre... que son Contact vient emprunter aussitôt, sachant qu'un message y est caché.

1 Le « Drop »

Cet A.S. ne rencontre jamais son Contact. Il dépose ses messages en un endroit convenu.

2

MESSAGE SECRET

VOIR PLUS LOIN COMMENT ORGANISER UN "DROP"

En jargon d'A.S. ceci est un « drop ». Le Contact viendra cueillir le message.

Le bon « Drop »

L'A.S. connaît plusieurs endroits où laisser ses messages. Avant d'effectuer un « drop », il laisse un repère qui permettra à son Contact de deviner le lieu choisi. Ce sera un repère évidemment très discret dont personne ne pourra soupçonner le sens...

1. POINT 1 (CACHÉ PAR UNE COURBE DANS L'ALLÉE).

SUIVEZ L'A.S. VOUS VERREZ COMMENT IL PRÉPARE SON ITINÉRAIRE.

4. REPÈRE (UN BOUT DE FICELLE NOUÉ À UNE BRINDILLE).

Le choix du lieu

C'est un endroit où l'A.S. sera caché sans paraître suspect. Il observe au préalable comment les gens y vont et viennent aux différents jours et heures de la semaine. L'A.S. s'approche du point choisi, en s'assurant que toutes les voies d'accès en sont libres. Quelle parade pourra-t-il imaginer afin d'éviter un passant éventuel ? C'est tout l'art du métier...

Avant de déposer son message, l'A.S. prépare soigneusement son itinéraire de façon à pouvoir gagner facilement un autre point si le premier lui paraît inopportun. Flegmatique, il marche toujours lentement, s'arrête pour admirer une fleur et vérifier qu'il n'est pas suivi. Seulement alors il gagne l'endroit choisi.

Le repère

L'A.S. a convenu, avec son Contact, de signaux qui désigneront l'emplacement d'un « drop ». Une marque à la craie, une allumette disposée d'une certaine façon suffiront. (Voir pages 14 et 15 quelques repères possibles faciles à réaliser.) Le Contact fera toujours disparaître le repère avant de prendre livraison du message. L'A.S. n'ira jamais vérifier que son message a été enlevé. La disparition des repères intermédiaires le lui dira.

Le Parc à surprises

Chacun des A.S. de l'illustration est sur le point d'effectuer un « drop » en un endroit convenu. Parfois cet endroit (marqué d'une étoile) est critiquable. Auriez-vous commis les mêmes erreurs ? Sûrement pas, mais... vérifiez tout de même en page 10.

Le Parc à surprises
(suite et solution)

Voici les points critiquables :

A Ici l'A.S. est bien à couvert... Ainsi que quiconque le suivrait. Les nombreux angles morts l'empêchent de voir un éventuel suiveur.

B L'espace libre dans les deux sens fait que l'A.S. sera vu de loin. Si quelqu'un se présente, il devra attendre longtemps et de façon suspecte, avant d'être de nouveau seul.

C S'éloigner de l'allée principale pour en
& gagner une ne conduisant nulle part
D soulèvera des soupçons, surtout si le fait se repète.

E Cet A.S. ne verra pas que quelqu'un le surveille depuis la maison d'en face, derrière une fenêtre, dans une pièce plongée dans l'obscurité.

Voici les points judicieux :

1 L'A.S. peut rapidement observer toutes les allées adjacentes ; les buissons en courbe le cachent à la vue, même de près. S'il est obligé de temporiser, il aura la possibilité de faire semblant d'admirer la statue.

2 Cet A.S. est également bien à couvert. Il peut vérifier toutes les voies d'approche et éventuellement s'arrêter devant la mare.

3 Si l'A.S. arrive par l'allée principale (celle conduisant à la statue) il aura inspecté la totalité de la zone après avoir contourné l'allée.

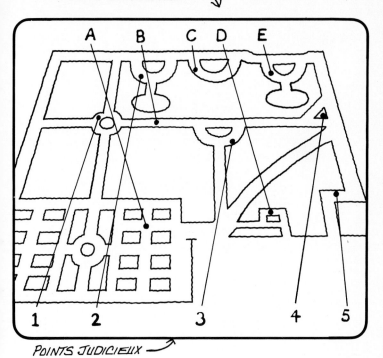

4 N'importe quel point le long de ce mur permettra un « drop » judicieux. L'A.S. peut voir très loin d'un bout à l'autre de l'allée. Il peut rapidement se dissimuler. En longeant le mur, il pourra vérifier tous les points d'approche avant de passer à l'action.

5 Excellent point d'observation. L'A.S. peut voir venir de très loin. Si un promeneur se profile à l'horizon il aura encore le temps de déposer son message avant l'arrivée du gêneur.

Des feuilles qui parlent

Tout A.S. qui se respecte apprend à bien semer des repères qui passeront inaperçus aux yeux du commun des mortels, sauf de son Correspondant. A cet égard les feuilles d'arbres offrent un matériau de choix..., à condition de n'être pas déposées en un endroit où le vent, ou un balayeur consciencieux pourraient les disperser! Évidemment cela suppose un « Code des Feuilles » connu de l'A.S. et de son Contact.

CODE DES FEUILLES

TFD (TIGE PERÇANT LA FEUILLE PAR LE DESSUS).
— MESSAGE AU POINT 1.

TFV (TIGE PERÇANT LA FEUILLE PAR LE VERSO)
— MESSAGE AU POINT 2.

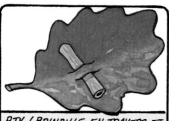

BTV (BRINDILLE EN TRAVERS ET AU VERSO DE LA FEUILLE)
— MESSAGE AU POINT 3.

BTD (BRINDILLE EN TRAVERS SUR LE DESSUS)
— PAS DE MESSAGE.

LE "TRUC X2R"

L'A.S FAIT SEM-
BLANT DE JOUER
AVEC UNE FEUILLE.

IL LA MARQUE DIS-
CRÈTEMENT ET LA DÉ-
POSE AU POINT
VOULU.

LE CONTACT LA
REPRENDRA ET
SAURA OÙ EST LE
MESSAGE.

IL VÉRIFIERA PLUS
TARD SI LA FEUILLE
A DISPARU OU
SI...

... UN AUTRE
REPÈRE LA
REMPLACE.

IL RÉCUPÈRE
TOUT SIGNAL LAIS-
SE PAR LE CONTACT.

BNTD (BRINDILLE NOUÉE À
LA TIGE DESSUS).
_MESSAGE PAS TROUVÉ.

BNTV (BRINDILLE NOUÉE À
LA TIGE VERSO) - NE DROPPEZ
PAS. RENDEZ-VOUS AU Q.G.

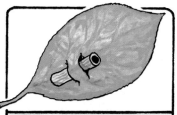

BVL (BRINDILLE VERSO
LONGUEUR). NE DROPPEZ
PAS. REVENEZ DEMAIN.

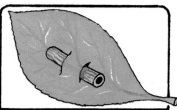

BDL (BRINDILLE DESSUS
LONGUEUR) -SOMMES GRIL-
LÉS. QUITTEZ LES LIEUX.

Repérez le repère !

Les A.S. de notre illustration utilisent plusieurs repères. Mais pas n'importe comment. Les repères à la craie sont de couleur neutre pour ne pas attirer l'attention. Les pierres et les allumettes sont posées là où elles ne risquent pas d'être déplacées.

EFFACEZ LA CRAIE SUR LA BOR-DURE

CHAUSSURE D'UN A.S. TRAVAILLANT AU RAS DU SOL

CES BOUTS D'ALLU-METTES SONT UN REPÈRE. A ENFON-CER DANS LE SOL

NŒUDS SUR UNE CORDE REPÈRE À ENLEVER.

LES MARQUES SUR L'ALLUMETTE SONT UN SIGNAL. À ENLEVER.

Travail au sol

Si l'A.S. doit se pencher ou s'agenouiller pour enlever un repère, il se trouve toujours une bonne raison pour le faire.

Par exemple, il refait le nœud de ses lacets de chaussures, ou bien il remonte ses chaussettes.

L'A.S. peut aussi commencer à boîter en vue du repère. Il s'arrête et fait mine d'ôter un gravier de sa chaussure.

S'il porte un paquet, il le laisse tomber. Ou fait comme s'il était trop lourd et voulait souffler un peu.

14

Les repères sont discrètement enlevés dès que possible. On n'est jamais trop prudent ! L'air décontracté est le propre de l'A.S. Y compris lorsqu'il s'apprête à poser un repère, et même en présence de gens qui s'intéressent de près à ses faits et gestes. Sa mémoire infaillible et son œil de lynx lui font identifier un repère instantanément.

UN A.S. FAIT SEMBLANT DE LAISSER COURIR SA MAIN SUR LA GRILLE. EN RÉALITÉ IL LARGUE UNE FICELLE CODÉE.

CE TRAIT À LA CRAIE EST UN SIGNAL. À EFFACER.

CES MARQUES SUR LA PIERRE SONT UN REPÈRE. À ENLEVER.

Le Code des repères d'approche

Ce code (un de plus, mais tout A.S. en tient en permanence une collection à portée de sa main) repose sur quelques signaux : des points ou des traits, des nœuds longs ou courts, la tête ou l'autre bout d'une allumette. Sa perspicacité dicte à l'A.S. son choix en fonction des circonstances.

Voici quatre façons différentes de dresser le code des points et des traits :

Un point noir signifiera la tête d'une allumette, un cercle son autre bout. La lettre L un nœud long et S un nœud court.

1 *MESSAGE AU POINT Q*

2 *MESSAGE AU POINT X*

3 *MESSAGE AU POINT Z*

4 *ÉVITEZ DROP PLAN 1*

5 *ÉVITEZ DROP PLAN 2*

6 *MESSAGE NON TROUVÉ*

Le code reposant sur des points et des traits peut être utilisé de multiples façons. On se sert de craie, de pierres ou même d'allumettes convenablement disposées. Ces dernières seront enfoncées dans le sol jusqu'à la tête, au pied d'un mur par exemple. On peut aussi suspendre des ficelles à une branche ou à une rampe.

Réalisation d'un nœud court.

Passez la ficelle comme indiqué et serrez.

Réalisation d'un nœud long.

Passez la ficelle comme indiqué et serrez.

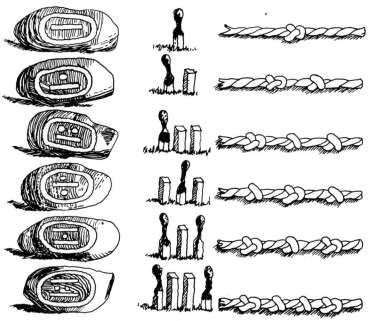

Les codes des messages écrits

L'A.S. confirmé n'écrit pratiquement jamais en clair. Il excelle dans l'art de brouiller les cartes ou plutôt..., les lettres des mots. Voici

Désordre organisé

Rédigez le message de droite à gauche (1) en formant de nouveaux groupes de lettres (2).

A.S. SIX TRÈS ACTIF

1 FITCA SERT XIS SA

2 FIT CAS ERTX ISSA

Double désordre

Groupez les lettres par deux (1). Ensuite inversez chaque paire de lettres (2).

1 AS SI XT RE SA CT IF

2 SA IS TX ER AS TC FI

Salade de lettres

Groupez les lettres du message différemment (1) et reposez-les à l'envers (2).

1 ASS IXT RES AC TIF

2 SSA TXI SER CA FIT

La lettre intruse

Divisez le message en groupes de deux lettres. (1) Séparez chaque paire (2) et introduisez au milieu une lettre inutile (3).

1 AS SI XT RE SA CT IF

2 A S SI X T R E SA C T IF

3 AZS SUI XMT RVE SQA CPTIDF

Code-sandwich

Rédigez la première moitié du message en laissant un espace entre chaque lettre (1). Disposez la seconde moitié entre chaque lettre (2). Enfin, groupez les lettres différemment (3).

1 A E S S A I X T R F

2 AESSSAICXTTIRF

3 AES SSAI CXTT IRF

Le code-pendule

Divisez le message en groupes de mots (1). Pour chacun, posez la 1re lettre au milieu (2) et placez les lettre restantes une fois à gauche, une fois à droite (3).

1 ASSIXTR ESACTIF

2 SSIAXTR SACETIF

3 TISASXR ICSEATF

quelques-uns de ses codes préférés. Vous pouvez vous en inspirer... Sauf pour vous passer la solution d'un problème en cours d'arithmétique !

FIT CAS ERTX ISSA

Rétablissez le message dans le bon sens et voyez si les lettres composent des mots.

SA IS TX ER AS TC FI

Remettez les lettres de chaque groupe dans l'ordre. Ensuite rétablissez des mots.

SSA TXI SER CA FIT

Inversez les lettres de chaque groupe dans l'ordre et recomposez des mots.

AZS SUI XMT RVE SQA CPY IDF

Otez la lettre intruse au milieu de chaque groupe de 3 lettres et recomposez le message avec les lettres restantes.

AESSSAICXTTIRF

Commencez par n'écrire qu'une lettre sur deux en partant de la gauche et reprenez les autres lettres.

TISASXR ICSEATF

Poser la lettre du milieu du premier groupe. Ajoutez-lui la première lettre voisine de gauche, puis celle de droite et ainsi de suite. En décomposant, retrouver le message n'est qu'un jeu pour un A.S. Or, vous en êtes un, non ?

Cherchez le traître !

La vie d'A.S. n'est pas toujours de tout repos. Ainsi, dans l'histoire ci-dessous, un A.S. a été trahi par un de ses quatre Contacts et mis hors circuit. Qui est le traître ? Qui sera le nouveau chef de ce réseau ? Déchiffrez ces messages rédigés selon des codes différents (voir page 18) et découvrez l'identité de chacun.

Réponses en page 64.

Vous avez sûrement découvert que les noms de code des quatre A.S. sont Aigle, Renard, Loup et Vautour. Si non, ce « tuyau » vous aidera à décoder les messages. En principe aucun de ces A.S., sauf le chef, ne connaît le nom de code des autres. Mais le traître a donné assez d'indices pour vous permettre d'identifier tout ce beau monde.

LE CAIRE APPELLE PARIS

SAI VRO UTS EUT ERS
LMO UFP CRO NUN
ATI SOS EIZ VRO
UTS RIE NUA ROD.

PARIS APPELLE LE CAIRE

UAV RUOT ARVED
ASTI RIOV IUQ RTSE
DRANE ENEJ SIUS
OLIN INPU UAV RUOT.

LE CAIRE APPELLE HELSINKI

ERT UAL IN NUL IN
SI US EN EJ RUOT
UAV ANE ZEL RAP
SIHART ASUON DRANER

HELSINKI APPELLE LE CAIRE

IA LG EE TS ON RT
NE UOEVUA HCFE
EJ EN USSI APLSUOP
UQEITS OLPU.

La bonne cache

Si vous voulez jouer à l'A.S. avec des amis, voici quelques idées de cachettes à messages secrets. Chaque flèche de l'illustration indique une cache possible. Les bons A.S. en cherchent toujours de nouvelles. Si un bout du message apparaît, recouvrez-le avec de la terre afin de le dissimuler.

Convenez avec votre Contact de l'endroit précis où vous déposerez un message. Surtout choisissez un point que vous serez certain de reconnaître, sinon tout ratera !

Caches valables

1. Sous la racine d'un arbre ou d'un buisson.
2. Dans la fente d'un arbre, dans la fissure d'une barrière ou d'un portail en bois.
3. Camouflé en feuille sous une haie ou un buisson, ou roulé dans de la pâte à modeler couleur de terre.
4. Collé sous un barreau.
5. A l'abri d'une plaque.

1 Préparation du message

ENROULEZ

FIL DE LIGATURE

Enroulez étroitement le message ; il sera moins visible et plus facile à saisir par le Contact. Liez-le à l'aide d'un élastique ou d'un fil.

2

ETALEZ LA POUSSIÈRE POUR LA CAMOUFLER

Si vous déposez le message dans une cache très étroite laissez dépasser 1 centimètre de fil. Le Contact le retirera plus aisément.

Couverture de feuilles

ENROULEZ

GARDEZ DANS UNE BOÎTE

Faites sécher une feuille enroulée autour d'un crayon.
Conservez dans une boîte d'allumettes jusqu'à utilisation.

7

8

6 Sous un massif de fleurs, sous de la mousse ou du gazon.
7 Entre les pierres d'un socle de statue.
8 Sous un pavé ou une grosse pierre.

Réceptacle camouflé

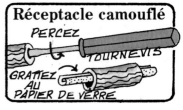

PERCEZ

TOURNEVIS

GRATTEZ AU PAPIER DE VERRE

Percez un trou au centre d'un roseau. Polissez ensuite l'intérieur à l'aide de papier de verre. Un message s'y glissera plus facilement.

23

Le code de poche

Ce code en papier fort se replie de façon à tenir dans une boîte d'allumettes. Il offre 12 combinaisons différentes. Pour chacune d'elles, chaque lettre ou chiffre du message correspond à une autre lettre de l'alphabet ou à un autre chiffre.

Des alphabets différents apparaissent selon la façon dont le code est plié, avec sa clé portée en marge. Avertissez votre Contact du numéro de la clé utilisée, sinon il y perdra son latin, pour peu qu'il en possède !

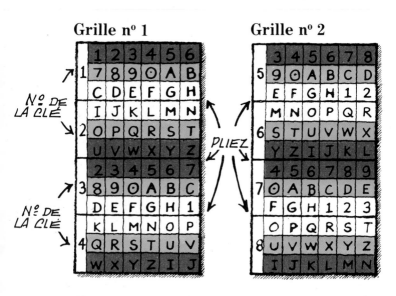

Employez du papier fort ou du carton mince. Tracez les grilles et coloriez-les. Recopiez exactement les lettres et les chiffres de la grille n° 1 sur une face.

Retournez la grille et renversez-la. Recopiez maintenant la grille n° 2 sur l'autre face. Les couleurs seront différentes pour chaque rangée.

La technique du pliage

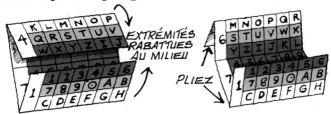

Repliez de façon à voir les codes 1-2, 3-4. Ramenez l'autre extrémité et les codes 5-6, 7-8. La partie médiane comporte les codes 4-1, 2-3, 6-7 et 8-5.

Repliez vers l'arrière la partie supérieure et vers le haut la partie inférieure codes (2-5 et 6-1). Repliez dans l'autre sens les codes 4-7 et 8-3.

Le mode d'emploi

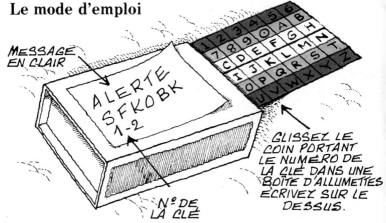

Avant d'encoder un message, écrivez-le en clair (non codé) en majuscules. Choisissez le numéro de la clé. Sous chaque lettre du message, inscrivez la lettre ou le chiffre correspondants dans la même colonne de la même couleur en haut ou en bas.

Par exemple, dans le code 1-2 de l'illustration, le code indique T pour la lettre B et K pour le E. Pliez la grille afin qu'apparaisse le numéro de la clé. Puis, sous chaque lettre ou chiffre du code, inscrivez la lettre de même couleur dans la même colonne. Rien de plus facile !

Chiffreurs, à vos grilles !

Un A.S. avisé entretient sa forme en échangeant régulièrement des messages codés (on dit aussi « chiffrés »).
L'expérimenté utilise des codes sophistiqués. Pourquoi ? Pour que leur déchiffrage soit aussi difficile que possible, pardi ! Si vous débutez, n'utilisez que des codes simples, reposant sur le mariage de lettres d'un alphabet spécial. Par exemple celui des grilles de la page 24. Afin de faciliter la tâche de votre Correspondant, il ne vous est pas interdit de lui donner quelques indications, en clair et en code comme le nom d'un mois, d'un point cardinal ou d'un jour.

Amusez-vous à déchiffrer le message ci-dessous réalisé à l'aide d'un code de la page 24. Solution page 64.

V2 1Z84 V YZXFOAZ13 XVXQZ V
XF904301Z2 V7Z13ZE XFGV492

Les trucs du déchiffreur

Avant de décoder un message, commencez par le recopier en lettres majuscules en laissant un grand espace entre les lignes. Dès que vous avez découvert l'équivalent en clair d'une lettre codée, reproduisez-la sous toutes les mêmes lettres du message codé. Cherchez d'emblée à découvrir les voyelles (AEIOU) : chaque mot en comporte au moins une. Une lettre isolée ne peut être qu'un A ou un Y.

LE, LA, UN, DU, reviennent souvent parmi les mots de deux lettres, comme LES, UNE, AUX, DES parmi les groupes de trois lettres. La ponctuation ne figure jamais dans un message chiffré. Ceci parce qu'elle faciliterait la tâche d'un éventuel intercepteur. L'œil du bon déchiffreur repère très vite dans un message les lettres doublées comme dans aTTenTion, ou eLLe, ceTTe, etc. Elles facilitent son travail. La pratique des mots croisés ou du scrabble constitue un excellent exercice pour le candidat au déchiffrage. A bon entendeur...

Jouez aux messages chiffrés (ce jeu se joue à trois participants ou davantage).

Tirez au sort celui qui sera l'A.S. et qui enverra le message codé. Les deux autres joueurs seront respectivement le Contact et l'intercepteur. L'A.S. a recours à un code secret (voir page 58). Il rédige à l'écart le message en clair et pose sous chaque lettre la lettre correspondante en code. Puis il épelle séparément chaque mot en code à haute voix. Les autres écrivent. Chaque message doit comporter au moins 15 mots. Le Contact et l'intercepteur partent avec un « capital » de 10 points. L'un et l'autre ont le droit de demander (secrètement, bien sûr !) le sens d'un mot à l'A.S. mais alors ils perdent un point par mot demandé.
Le gagnant est celui qui aura déchiffré le message en conservant le maximum de points.

Sécurité d'abord ! - 1

Un A.S. digne de ce nom doit toujours s'assurer qu'il agit en toute sécurité. Voici comment il vérifie qu'il n'est pas observé tandis qu'il s'apprête à déposer ou à prendre livraison d'un message dans une cache.
S'il croit être pris en filature, l'A.S. s'assure que le suspect est bien un agent d'un réseau adverse. L'astuce consiste à faire en sorte que l'importun s'éloigne sans avoir pu déceler la cachette.

1 Êtes-vous suivi ?

Ne regardez jamais directement un suspect à moins d'être sûr qu'il ne vous voit pas.

2

Donnez l'impression de ne pas vous intéresser à lui, ou même de n'avoir pas remarqué sa présence.

3

Un suspect peut vous observer parce qu'il vous a vu l'observer. Éloignez-vous tranquillement.

4

Si le suspect vous surveille, fixez-le carrément. Il disparaîtra probablement aussitôt.

1 Échec au suspect

Choisissez une fausse cache, loin de la vraie, d'où vous pourrez voir sans être vu. Ne déposez rien.

Amenez le suspect à vous suivre. Paraissez aussi suspect que possible sans vous trahir.

Lorsque vous êtes certain d'être suivi, amenez le suspect à une fausse cache par voie détournée.

La fausse cache atteinte, ne laissez pas voir au suspect si vous déposez ou retirez un message.

Une fois que vous êtes parti, le suspect viendra vérifier la cache. Si elle est vide, il croira que vous avez pris le message.

Le suspect s'est alors démasqué. Il surveillera la fausse cache tandis que vous disparaîtrez.

Sécurité d'abord - 2

Si des A.S. de l'autre camp découvrent votre
cachette, ils copieront les messages codés et
les remettront à leur place. Ensuite ils
essayeront de percer le code à jour. Cela
s'appelle une interception. Vous ne saurez
pas que votre message a été intercepté. Voici
quelques astuces pour découvrir une
éventuelle interception.

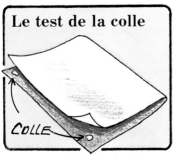

1 Le test du papier

Pliez le message prêt à
être déposé. Dépliez-le et
déposez de petits
morceaux de papier dans
le premier pli. Repliez et
déposez encore du papier
dans le second pli.

2

Pliez définitivement le
message. Lors de la
vérification, voyez si les
petits morceaux de papier
sont toujours là. Sinon,
c'est que le message a été
intercepté.

Le test de la colle

COLLE

Déposez de petits points
de colle aux coins de la
première pliure. La colle
cédera facilement
à l'ouverture.
Message décollé =
message intercepté !

Le test-confiture

ESSUYEZ
LA CONFITU-
RE POUR LA
RENDRE
INDÉCE-
LABLE.

Pliez le message puis
ouvrez-le. Répandez de la
confiture en couche mince
sur la première moitié de
la feuille. Elle recueillera
les empreintes digitales de
l'intercepteur.

Le code décelé

Vous savez que vos messages sont lus par un A.S. adverse. Mais a-t-il percé votre code ? Voici un moyen de le savoir.

Le code-bidon

Rédigez un message dans un code percé. Annoncez que les messages suivants seront déposés dans une nouvelle cache dont vous révélez l'emplacement. Révélez aussi la clé du code qui sera utilisé. Rédigez alors un message dans un code incohérent (code-bidon).

La cache-bidon

Déposez ce papier dans la nouvelle cache - la « cache-bidon ». Utilisez un « test-sécurité ». En prenant soin de ne pas vous faire voir, venez vérifier que l'adversaire est venu à la « cache-bidon », preuve qu'il a bien percé le premier code.

Trompez l'ennemi !

Vous savez que vos codes sont percés et vos caches découvertes. Voici comment berner votre rival. Trouvez une autre cache. Changez de code. Bien entendu les nouvelles caches devront être inconnues de votre adversaire. Voir les mesures de sécurité p. 28 !

L'adversaire ne doit pas soupçonner que vous avez changé de cache. Continuez de laisser des messages-bidons dans les caches-bidons, et faites-les reprendre par différents courriers. Laissez à l'adversaire tout le temps de les intercepter !

Secrets à éclipses

Comment conserver les traces de routes secrètes sur une carte dessinée? Celles de vos points de rendez-vous avec vos contacts, ou bien celles de vos adversaires? A l'aide de cartes invisibles, vos précieux renseignements n'apparaîtront que pour vous seul et à volonté! Vous pouvez aussi utiliser des notes à éclipses pour conserver des messages secrets, le nom de code de vos contacts, ou leur numéro de téléphone...

Dressez au crayon une carte du secteur qui vous intéresse. Précisez des points de repère : école, parc, etc.

Mouillez la carte à l'eau froide. Posez-la à plat sur un journal. Apposez dessus une feuille de papier blanc.

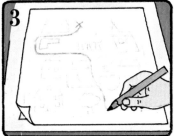

Tracez les routes ou les caches avec un crayon en appuyant fort. Une fois la carte sèche les traits disparaîtront.

Humidifiez de nouveau la carte : les emplacements secrets réapparaîtront et disparaîtront après séchage.

L'A.S. à l'épreuve

Vous avez été surpris et capturé par l'adversaire. La situation semble sans espoir. Vos geôliers vous autorisent à écrire une lettre anodine. D'ailleurs ils perceraient le plus touffu des codes! Vous voulez pourtant absolument envoyer un message à votre réseau afin de lui demander de l'aide. Comment faire? Tournez la page et vous saurez...

Les encres invisibles

Vos adversaires ignorent que « Maman » est le nom de code de votre chef. Et que vous avez de quoi écrire un message invisible entre les lignes de votre lettre. Vous disposez de trois moyens. A vous de choisir...

Utile salive !

Mouillez la pointe de l'allumette avec de la salive et écrivez d'une main légère. Vérifiez le texte à la lumière.

L'allumette-stylo

ÉCRIVEZ ENTRE LES LIGNES DE LA LETTRE OU AU VERSO.

Aiguisez la pointe d'une allumette contre une pierre. (Le papier de verre est mieux ; encore faut-il en avoir !).

Le coup de jus

Piquez le bout de l'allumette dans le trognon de la pomme. Recueillez du jus et écrivez !

1 A la chandelle !

GOUTTES DE CIRE

DETA-CHEZ

Détachez avec soin quelques gouttes de cire de la bougie, aussi longues que possible.

2

POSEZ DANS UNE MAIN

FROTTEZ AVEC L'AUTRE

Utilisez la chaleur de vos mains pour chauffer la cire. Roulez-la comme un crayon et écrivez !

1 Le bon signal

L'adresse rédigée en majuscules d'imprimerie signale à « Maman » que la lettre contient un message secret urgent.

2

Des indices, dans la lettre, signalent à « Maman » la méthode employée. Vous verrez plus loin comment implanter ces indices.

Révélateur de salive

Pour faire apparaître le message, le chef le badigeonne avec de l'encre allongée d'eau. Le message ressort en plus sombre.

Révélateur de cire

SECOUEZ DOUCE- MENT.

La lettre est saupoudrée de poussière de craie, puis secouée. La craie colle à la cire.

Révélateur de jus

LE JUS CUIT DEVIENT BRUN CLAIR

Le message rédigé au jus de pomme est promené sur une source de chaleur, laquelle « cuira » le jus et fera apparaître l'écriture.

ALLONS-Y!

Votre chef sait maintenant où vous êtes. Il a le plan de votre prison. Il peut organiser votre évasion.

Les indices secrets

Vos lettres à d'autres membres de votre réseau contiennent obligatoirement des indices particuliers. Chacun d'eux doit les connaître à fond. Voici quelques-uns de ces indices et leur signification.

La fausse initiale

Cet indice est utilisé sur l'enveloppe pour annoncer qu'il s'agit d'un message à traiter avec attention. Interprétations supplémentaires :
1. Fausse initiale après le prénom = message invisible à l'intérieur.
2. Fausse initiale avant le nom = message codé, à ouvrir en secret.

Indice de message invisible

Convenez d'un jour de la semaine pour chaque révélateur. (Ex. : mardi : poudre ; jeudi : chaleur ; samedi : lavage). L'heure indiquera le mode de lecture. Exemples :
13 heures : entre les lignes ;
14 heures : au verso de la lettre ;
20 heures : à l'intérieur de l'enveloppe !

Alerte à l'écriture secrète !

Pour lire un message intercepté, avec ou sans indice, commencez par exposer la feuille à la lumière sous un certain angle. Cela pourrait révéler quelque chose. Ensuite procédez comme indiqué ci-dessous :

Tenez votre matériel prêt afin de pouvoir pratiquer rapidement les tests. Outre la poudre de craie, le café en poudre, le poivre de Cayenne ou même de la terre très fine conviennent pour révéler un message à la cire.

Un bon lavage s'exécute à l'aide d'un mélange d'eau, d'encre ou de peinture à l'eau en parts égales. Une simple lampe fait aussi bien l'affaire qu'un four pour le chauffage.

Le bagacode

Vous désirez fixer rendez-vous à une personne amie sans avoir à lui écrire, en code ou non ? Des signes de différentes couleurs fixés sur une bague vous permettront de passer ce message sans éveiller les soupçons de l'entourage. Amenez le ou les signes nécessaires, parmi ceux que porte votre bague, sur le dessus du doigt lorsque vous désirez passer un message. L'apparition d'un signe ou un changement de doigt doivent se faire avec naturel.

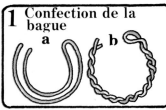

Prenez une longueur de fusible suffisante pour former un double anneau autour de votre majeur (a). Entortillez étroitement les deux brins (b).

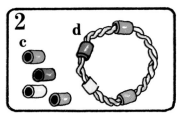

Confectionnez quatre petits rouleaux de papier de différentes couleurs (c). Glissez-les sur l'anneau que vous pouvez maintenant bien refermer.

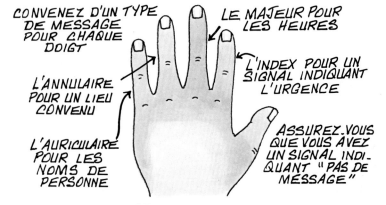

CONVENEZ D'UN TYPE DE MESSAGE POUR CHAQUE DOIGT

LE MAJEUR POUR LES HEURES

L'ANNULAIRE POUR UN LIEU CONVENU

L'INDEX POUR UN SIGNAL INDIQUANT L'URGENCE

L'AURICULAIRE POUR LES NOMS DE PERSONNE

ASSUREZ-VOUS QUE VOUS AVEZ UN SIGNAL INDIQUANT "PAS DE MESSAGE"

Le code secret

Notez le code secret dans un carnet pour vous rappeler le sens des différentes couleurs, sur chaque doigt.
Le cas échéant vous pouvez même rédiger les indications en code pour protéger le secret.

1 Alerte à l'ennemi !

Un A.S. a un rendez-vous secret avec un Contact, mais un adversaire se présente.

2

Et voici le Contact qui arrive ! Comment l'empêcher de se trahir et de trahir l'A.S. ?

3

L'A.S. porte la bague à son index et fait apparaître le rouge. Cela signifie : DANGER.

4

Le Contact aperçoit le signal et s'éloigne sans être soupçonné par l'agent ennemi.

Signaux d'urgence

Voici quelques signaux codés, très simples, grâce auxquels des messages peuvent être passés secrètement à des Contacts. Le mieux est de noter ces signaux d'urgence dans un carnet afin de ne pas oublier leur signification.

Convenez d'un code destiné à permettre l'échange de messages avec un Contact au cours d'une réunion, sans que personne s'en doute.

Il suffit de disposer des crayons, des gommes, des règles et d'autres objets sur votre bureau selon un ordre différent.

Le code-visage

DANGER

ÉLOIGNEZ-VOUS

REVENEZ PLUS TARD

Le code-visage est probablement le plus facile à utiliser en cas d'urgence.

Il suffit de poser l'index en divers endroits de la figure pour passer

Le code-crayons

Procurez-vous une boîte d'allumettes, trois crayons de couleurs différentes et un élastique.

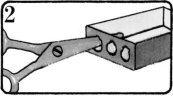

Percez dans un des bouts du tiroir de la boîte trois trous suffisants pour livrer passage aux crayons.

Enroulez l'élastique autour du tiroir ; cela l'empêchera de se refermer. Poussez le tiroir.

Disposez les crayons selon le code convenu pour passer un message. Rangez le tout dans la pochette.

ALLEZ AU Q.G. MESSAGE SUIVEZ-MOI

un message secret. Prenez votre menton dans la main et restez immobile jusqu'à ce que votre Contact s'aperçoive que vous allez lui passer un message.

Les messages-journaux

Les journaux, les magazines, les illustrés se prêtent facilement à la transmission de messages. Le message étant rédigé en code, seul un Contact prévenu à l'avance pourra le découvrir. Et l'interpréter naturellement !

Il existe deux moyens relativement simples de passer un message dans un journal que vous abandonnez ensuite en un endroit qui n'a rien d'anormal : dans une corbeille à papier, sur la banquette d'un autobus, d'un wagon de chemin de fer, ou sur une table. Alertez votre Contact afin que personne ne s'empare du journal avant lui !

Message-mots croisés

On trouve des mots croisés dans pratiquement tous les journaux et magazines. Inscrivez le message dans les carrés blancs verticalement. Remplissez les carrés restés libres avec d'autres lettres et abandonnez le journal. Personne ne s'intéresse à des mots croisés déjà faits. C'est un moyen pratique de passer un message urgent.

1 Le message en pointillés

La date du jour figure en première page d'un journal. A l'aide d'une épingle percez un trou dans un des chiffres de la date. Cela indiquera à votre Contact la page dans laquelle figure le message.

Prenez la page en question. Percez des trous dans les lettres correspondant au message. Un trou percé dans l'espace entre deux mots imprimés indiquera la fin d'un mot du message.

Pour lire le message, repliez le journal de façon qu'aucune page ne reste derrière la page portant le message. Exposez cette page dans la direction d'où vient la lumière. Les lettres composant le message apparaîtront. L'avantage, c'est que vous pouvez lire le message sans éveiller de soupçons, même si quelqu'un vous observe.

43

Le plan d'urgence

Un A.S. bien organisé doit toujours disposer de plusieurs plans afin de pouvoir rencontrer d'urgence un de ses amis en un lieu de rendez-vous secret et lui passer un message. Ces plans peuvent porter un nom de code. PR par exemple, pour « Plan Rendez-vous », suivi de A, B, C, pour désigner les sites correspondants. Les intéressés peuvent alors échanger des messages en clair au nez et à la barbe d'oreilles indiscrètes.
Voici quelques astuces dans ce sens.

1 PR. S (Stylo)

L'Agent se tient devant un panneau d'annonces, près du Contact et feint de prendre des notes. Puis il demande à « l'étranger »

2

de lui prêter son stylo. Il lui en rend un identique mais dans le corps duquel le message est dissimulé !

1 PR. C (Carte)

Rencontre devant un édifice public ou touristique. Le Contact a une carte.

2

L'Agent demande à la lui emprunter. Il glisse le message dans la carte et la rend au propriétaire.

1 PR. J. (Journal)

Un A.S. rencontre son Contact sur un banc public. Ils ne se parlent pas. L'A.S. lit son journal.

2

Puis il le plie, l'abandonne et s'en va. Le Contact surveille les environs. Aucun suspect en vue.

3

Le Contact s'empare du journal, le lit quelques instants puis s'en va en l'emportant.

4

Un long message est à l'intérieur. Il est collé à l'aide d'un morceau de ruban adhésif.

PR. S (Sac)

Un A.S. et son Contact portent des sacs identiques contenant des messages. Ils les échangent en passant.

PR. CC (Couvre-Chef)

Deux amis accrochent leurs chapeaux à un portemanteau. En partant ils échangent les chapeaux... et les messages !

45

Jouons en code ! - 1

En bon A.S. vous connaissez vos codes sur le bout des doigts ? Bravo ! Mettez cette compétence à profit pour vous amuser en groupe, un jour de pluie par exemple...

... Car un code cela peut également servir à jouer. Par exemple afin de deviner un objet désigné par l'assistance en votre absence. Unique condition : vous entendre avec un comparse... Pardon ! Un Contact, ou un Correspondant (restons dans la note !)

« CECI » ou « CELA »
Rassemblez un certain nombre d'objets usuels. Alignez-les sur deux rangs et quittez la pièce. En secret vous aurez convenu avec votre Contact qu'il demanderait « CECI ? » pour les objets de la première rangée et « CELA ? » pour ceux de l'autre rangée. Une fois le choix fait par l'assistance, revenez. Votre Contact désigne alors les objets l'un après l'autre en disant : « Est-ce « CECI ? » ou « Est-ce « CELA ? » Vous répondrez « NON ! » chaque fois qu'il dira « CECI » en montrant un objet placé dans la rangée « CECI » ou « CELA » pour un objet rangé en « CELA ». Mais vous répondrez « OUI », lorsqu'il demandera « CECI ? » pour un objet de la rangée « CELA » et vice versa !

Le code-prénom

Voici une autre forme de langage codé grâce auquel vous pourrez intriguer vos amis. Sa réussite repose uniquement sur votre entente préalable avec votre Contact. Cinq de vos amis — ou cinq objets identiques (des oranges par exemple) —, sont alignés en file indienne dans une pièce. En votre absence l'assistance se met d'accord sur la personne ou l'objet que vous devrez désigner dès que l'on vous appellera.
Effectivement, lorsque vous revenez, après un instant de feinte hésitation et tandis que votre Contact vous tournera le dos (afin de faire encore « plus vrai »), vous désignerez la personne ou l'objet choisis. Pourquoi ? Voici :

Tout reposera sur la position de votre prénom dans la phrase par laquelle votre Contact (qui est aussi le meneur de jeu) vous rappellera. Ainsi, s'il dit « Jacques, tu peux revenir, c'est prêt », vous saurez que la personne ou l'objet sont les premiers de la file. En revanche, « Tu peux revenir, Jacques, etc. » désignera la quatrième personne ou objet. « Reviens, Jacques, etc. » le deuxième. « C'est prêt, Jacques, etc. » le troisième. Facile ? Sans doute. Mais l'effet sur l'assistance n'en est pas moins garanti !

Jouons... encore - 2

Le code chiffré

Quoi de plus surprenant que de revenir dans une pièce et de deviner sans hésitation un nombre choisi en votre absence? Rien de plus facile pourtant à une condition, toujours la même : celle d'avoir un Contact. En votre absence, donc, l'assistance choisit un nombre. Disons 629. A votre retour, le Contact énoncera toute une série de nombres. Mais lorsqu'il dira « 629 ! », vous saurez sans risque d'erreur que c'est le bon. Le tout est de bien vous entendre au préalable avec lui sur le moment où il annoncera 629. Par exemple si vous avez convenu que le bon nombre sera le cinquième nombre proposé, il devra faire en sorte que le total des deux chiffres du premier nombre proposé égale 5. Soit 32 ! 41 ! 23 ! ou encore 14 ! Parce que 3+2 = 5, 4+1 =5, 2+3 = 5, 1+4 = encore 5. En revanche, s'il annonce 43, c'est que le nombre choisi par l'assistance viendra en septième position (4+3 = 7). Des foules de combinaisons sont ainsi possibles, même avec de grands nombres venant assez loin dans la liste de ceux qui vous seront proposés. Votre Contact peut très bien annoncer 96, ce qui veut dire que 629 ne viendra qu'en quinzième position (9+6 = 15 !). Pour les longues listes toutefois il est indispensable que votre Contact et vous-même sachiez tenir une comptabilité aussi impeccable qu'invisible !

LES POINTS REPRÉSENTENT DES POSITIONS IMAGINAIRES

Le code imaginaire

En votre absence cinq livres ou cinq cartes ont été alignés sur une table. Vos amis ont choisi un livre ou une carte en secret. Lorsque vous revenez, le meneur de jeu

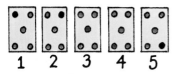

pose son doigt successivement sur plusieurs objets en vous demandant : « Est-ce celui-ci ? » Après avoir plusieurs fois répondu « NON », voici que vous dites « OUI ». Et comme par hasard, il se trouve que le choix est bon ! Par quel prodige ? Voici : L'astuce repose sur les cinq points qu'il est possible d'imaginer sur tout objet rectangulaire : deux à chaque extrémité

en haut, autant en bas et un autre au milieu. Vous convenez préalablement que le point en haut à gauche signifie 1, le

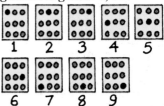

suivant 2, celui du milieu 3. Le 4 est en bas à gauche et le 5 à droite.

Donc, si à votre retour votre Correspondant met d'abord le doigt sur le milieu du livre ou de la carte, vous savez que l'objet choisi est le troisième de la rangée ! Si vous êtes vraiment très habiles vous pouvez même jouer avec NEUF points imaginaires (illustration ci-dessus).

Messages en Morse

L'alphabet Morse offre un moyen amusant
de transmettre des messages et se prête à de
nombreuses variantes.

Messages lumineux

Une lampe de poche
pourvue d'un
bouton-pressoir s'adapte
parfaitement au Morse.

Le rideau d'une fenêtre
alternativement soulevé et
rabattu fait l'affaire.

Un chapeau couvrant et
découvrant
alternativement une
lampe est aussi efficace.

Un store tiré et relâché
selon le rythme voulu se
prête à une transmission
en Morse.

Code selon l'alphabet Morse

A ●▬		H ●●●●	
B ▬●●●		I ●●	
C ▬●▬●		J ●▬▬▬	
D ▬●●		K ▬●▬	
E ●		L ●▬●●	
F ●●▬●		M ▬▬	
G ▬▬●		N ▬●	

Évidemment, votre Contact doit lui aussi pratiquer le Morse... Et être au courant de l'heure de vos « émissions ».

Messages tapés

Les radiateurs, les conduites d'eau...

...Les murs que l'on frappe avec un objet dur...

...Tout comme les clôtures métalliques, contre lesquelles le Contact...

...colle son oreille, ou même des chocs contre une pierre sont autant de procédés de transmission.

51

La mini-panoplie de L'A.S.

L'A.S. aguerri doit toujours avoir sur lui son équipement de base. Notamment le moyen de réaliser une écriture invisible, son code secret, des repères, de quoi écrire normalement. L'idéal est de tout ranger dans une boîte d'allumettes. Peu à peu, vous utiliserez des modèles de plus en plus réduits. Voici comment procéder pour ce rangement délicat.

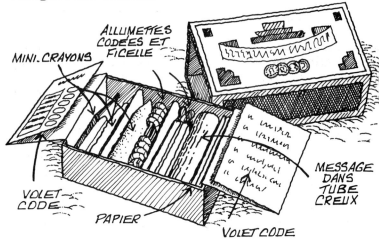

MINI-CRAYONS

ALLUMETTES CODÉES ET FICELLE

MESSAGE DANS TUBE CREUX

VOLET-CODE

PAPIER

VOLET CODE

La réalisation de la panoplie nécessite :
- une boîte d'allumettes ;
- du papier fort (celui d'une carte-postale) ;
- des ciseaux, un crayon ;
- de la bonne colle et du ruban adhésif ;
- une aiguille et du fil pour le double fond (voir pages suivantes).

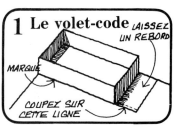

1 Le volet-code LAISSEZ UN REBORD

MARQUE

COUPEZ SUR CETTE LIGNE

Dessinez le pourtour de la boîte sur du papier. Découpez légèrement à l'intérieur du trait. Faites deux exemplaires.

Le porte-allumettes

Fixez 6 allumettes à l'aide
de ruban adhésif, en
laissant un espace.
Repliez la pochette
comme indiqué.

Pochette ficelée

Fixez le bout de la ficelle
dans le pli du carton
coupé à la dimension.
Enroulez la ficelle et
fixez-la à l'autre bout.

Le mini-crayon

Déterminez la dimension
et faites une profonde
entaille avec un couteau.
Le crayon se cassera
facilement à cet endroit.

Le cache-message

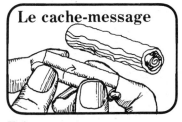

Faites un cigare (creux) à
l'aide d'un bout de carton
de 3 × 2 cm. Glissez-y des
feuilles de papier
étroitement enroulées.

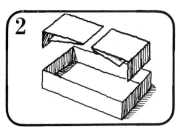

Pliez les bandes de carton
de façon qu'elles tiennent
dans le tiroir une fois la
boîte fermée. Calibrez
étroitement les rebords.

Écrivez le code sur un
volet et la signification
sur l'autre. Collez ensuite
les volets sur les rebords.

Le double fond mobile

A première vue, la « panoplie » de l'A.S. passera pour une boîte d'allumettes servant de réceptacle à des timbres de collection. En réalité ces timbres dissimuleront un double fond auquel vous aurez recours en cas d'urgence. Comment ? Simplement en tirant sur un bout de fil très fin. Bien ajusté, (voir ci-après), le fil sera invisible !

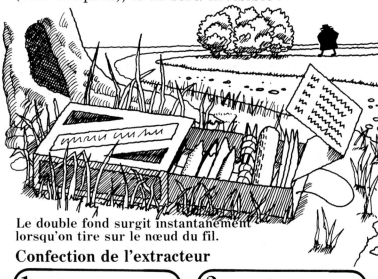

Le double fond surgit instantanément lorsqu'on tire sur le nœud du fil.

Confection de l'extracteur

Découpez trois bandes de papier ordinaire, chacune un peu plus étroite que le tiroir, mais environ deux fois plus longues que lui.

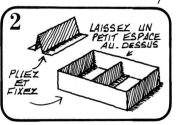

Pliez chaque bande (ci-dessus) et vérifiez qu'elle s'applique bien dans le tiroir. Collez, pressez et laissez sécher.

3 ICI, UN NŒUD

4 EN COUPE, VOICI COMMENT PASSER UN FIL

Enfilez le fil dans la partie supérieure du pli. Nouez. Collez cette bande au fond du tiroir.

Fixez le fil aux deux extrémités du tiroir. Laissez-lui assez de liberté pour qu'il s'applique bien au fond.

5 LAISSEZ 1 Cm ENTRE LES DEUX TROUS — MARQUER UN POINT DE REPÈRE SUR LE FIL

6 TIREZ LE FIL ET FAITES UN NŒUD AU POINT DE REPÈRE

A chaque bout ramenez l'aiguille enfilée à l'intérieur. Marquez le fil à l'endroit où il ressort de nouveau.

Pratiquez un nœud sur le fil au point de repère. Coupez le reste. Tirez de nouveau le fil et préparez votre équipement.

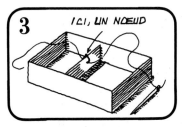

1 Truquez la boîte

2 COLLEZ DES TIMBRES POUR CACHER LE DOUBLE FOND — EXTRACTEUR

Découpez une feuille de papier plus longue et plus étroite que le tiroir. Pliez les bouts de façon qu'ils s'adaptent.

Collez quelques vieux timbres en désordre mais recouvrant bien le double fond. L'un d'eux (libre) sera relié au fil extracteur.

Le lettro-labyrinthe

Voici un code qui permet l'envoi de messages secrets de 24 lettres au maximum. Il repose sur deux bases : le mot clé et l'itinéraire. Si un adversaire perce le code, il vous sera facile de changer le mot clé ainsi que l'itinéraire pour le dérouter...

Les mots clés

Le mot clé peut être un mot de 4, 5 ou 6 lettres ne comportant jamais deux fois la même lettre. Pour l'exemple, nous avons choisi les mots FRANCE, NOIR, VIOLET, ORANGE, BLEU, CITRON. Vous en trouverez facilement d'autres !

Les itinéraires

C'est le sens dans lequel les mots de votre message sont posés sous le mot clé relus par votre correspondant. Ci-dessous quelques itinéraires possibles. Suivez les lettres de l'alphabet et vous trouverez la direction.

FRANCE

ABCDEF
GHIJKL
MNOPQR
STUVWX

(Latéral 1)

N AEIMQU
O BFJNRV
I CGKOSW
R DHLPTX

(Vertical 1)

VIOLET

ABCDEF
PQRSTG
OXWVUH
NMLKJI

(Spirale 1)

ORANGE

ABCDEF
LKJIHG
MNOPQR
XWVUTS

(Latéral 2)

B AHIPQX
L BGJORW
E CFKNSV
U DELMTU

(Vertical 2)

CITRON

APONML
BQXWVK
CRSTUJ
DEFGHI

(Spirale 2)

L'art d'utiliser ce code

Entendez-vous avec votre correspondant au préalable. Chaque mot clé et chaque itinéraire peut par exemple correspondre à un jour de la semaine. Imaginons que vous voulez envoyer le message suivant à votre Contact AGENT ZÉRO UN DOIT RENTRER Q.G. Mot clé FRANCE, itinéraire latéral 1. Vous commencez ainsi :

FRANCE
AGENTZ
EROUND
OITREN
TRERQG

Pour coder votre message prenez chaque série verticale dans l'ordre alphabétique du mot FRANCE. Vous obtenez sous le « A » : EOTE, sous le « C » TNEQ, etc. Pour finir votre message se lira : EOTE TNEQ ZDNG AEOT NURR GRIR. Si votre message comporte moins de 24 lettres, complétez avec des X. Cela peut paraître un peu compliqué mais un code secret n'est jamais simple, par la force des choses ! Ici, il suffit de bien connaître son alphabet. C'est le b a ba de l'A.S. !

L'art du décodage

Pour la lecture, vous pratiquerez exactement l'inverse. Vous recevez par exemple le message suivant TTNO ECAE AUEC VNGZ CATN ROMP. Mot clé : VIOLET. Itinéraire : SPIRALE 2. Vous commencez par écrire en majuscules le mot clé VIOLET. Posez ensuite chaque série de lettres du message dans l'ordre alphabétique du mot clé. Donc : TTNO sous le E (première lettre, dans l'ordre alphabétique,

de VIOLET). Puis ECAE sous le I (2e lettre dans l'ordre alphabétique) et ainsi de suite.

VIOLET
REVATC
OCNUTA
MAGENT
PEZCON

Lisez selon itinéraire Spirale 2 : ROMPEZ CONTACT AVEC AGENT UN.

Cocktail alphabétique

Vous pouvez réaliser vous-même un excellent code en échangeant chacune des lettres de votre message avec une autre lettre de l'alphabet. Voir exemples ci-dessous. Tout message doit commencer par un mot dans lequel aucune lettre n'est répétée. Codez selon la grille1, 2, 3, 4, 5 ou 6. Votre « Correspondant » devra connaître le numéro de la grille utilisée ce jour-là, ou à ce moment.

Alphabet normal	Grilles alphabétiques					
	1	2	3	4	5	6
A	B	C	M	M	I	P
B	E	A	Y	I	M	U
C	W	R	O	S	P	R
D	A	E	L	F	O	C
E	T	F	D	O	R	H
F	C	U	A	R	T	A
G	H	L	U	T	A	S
H	F	S	N	U	N	I
I	U	P	T	N	C	N
J	L	Y	S	E	E	G
K	D	B	B	A	B	B
L	G	D	C	B	D	D
M	I	G	E	C	F	E
N	J	H	F	D	G	F
O	K	I	G	G	H	J
P	M	J	H	H	J	K
Q	N	K	I	J	K	L
R	O	M	J	K	L	M
S	P	N	K	L	Q	O
T	Q	O	P	P	S	Q
U	R	Q	Q	Q	U	T
V	S	T	R	V	V	V
W	V	V	V	W	W	W
X	X	W	W	X	X	X
Y	Y	X	X	Y	Y	Y
Z	Z	Z	Z	Z	Z	Z

Les codes-minute - 1

Ainsi nommés parce qu'un A.S. doué d'une bonne mémoire peut en assimiler plusieurs. Cela lui permet de rédiger ou déchiffrer un message codé quasi instantanément.

Voici quatre de ces codes. Libre à vous de les apprendre par cœur ou de vous servir de ces pages pour coder et décoder vos messages. Vous pouvez aussi intervertir lettres et signes de façon à les rendre encore plus impénétrables.

Le codangle

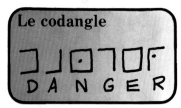

Pour paraître étrange ce code est d'utilisation aisée. Des angles droits, marqués ou non d'un point, représentent les lettres de l'alphabet.

Le sémaphocode

Les marins se servent de pavillons pour composer ces signaux. Ici, les aiguilles d'une montre tiennent lieu de pavillons. Pratique, non ?

Le Code morsographié

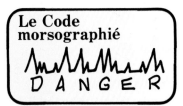

L'alphabet Morse repose sur des points et des traits. Ici les pointes les plus hautes représentent les traits, les pointes basses des points. Un tiret sépare chaque lettre.

Le codangle chiffré

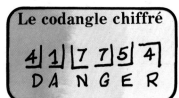

Des lignes droites composent des angles à l'intérieur desquels se trouvent des chiffres de 1 à 7. La position des traits change toutes les 7 lettres.

Les codes-minute - 2

NORMAL	CODANGLE	MORSOCODE	SÉMAPHO. CODE	CODANGLE CHIFFRÉ
A	⌐_|	∧	①	1
B	U	∧m	⑦	2
C	L	∧∧	①	3
D	⌐	∧m	①	4
E	▢	∧	②	5
F	⌐	m∧	⊕	6
G	⌐	M	⊙	7
H	⊓	mm	⊘	1
I	⌐	m	⊘	2
J	⌐•	∧M	⊕	3
K	⌐•	M	⊘	4
L	L•	∧∧	⊘	5
M	⌐•	M	⊖	6

60

NORMAL	CODANGLE	MORSO-CODE	SÉMA-PHOCODE	CODANGLE CHIFFRÉ
N				7
O				1
P				2
Q				3
R				4
S				5
T				6
U				7
V				1
W				2
X				3
Y				4
Z				5

Le petit lexique de l'A.S.

Agent secret – L'A.S., un membre du réseau d'espionnage.

Clé – Indication se rapportant à un code précis et permettant de décoder un message.

Code-bidon – Code incohérent destiné à tromper l'ennemi.

Code lettro-labyrinthe – Code dans lequel les lettres du message sont mélangées d'une façon particulière.

Contact (ou Correspondant) – Personne agissant pour le compte d'un A.S. sans obligatoirement connaître ce dernier.

Déchiffrer un code – Remettre en clair un message codé sans en connaître le code au préalable.

Décoder – Trouver la signification d'un message codé en se servant d'une clé ou d'indices secrets.

Drop – A l'origine terme de parachutisme signifiant "descente en parachute". En langage A.S. déposer un message secret.

Drop-bidon – Cache où des A.S. livrent de faux messages (des messages-bidons) afin de tromper l'adversaire.

Encoder (ou chiffrer) – Mettre dans un code précis un message en clair.

Grille – Généralement un carton percé de carrés correspondant à un code et permettant soit de rédiger soit de lire instantanément un message secret.

Indice secret – Signal très discret qui indique où trouver un message ou comment le décoder.

Interception – Action qui consiste à s'emparer d'un message destiné à l'ennemi.

Lavage – Opération consistant soit à faire disparaître des noms, des dates figurant sur un document pour les remplacer par d'autres, soit à passer un document à un mélange d'encre et d'eau afin de faire apparaître un message à la cire ou à l'eau.

Message en clair – Message qui n'est pas codé.

Mot-clé – Mot qui ne comporte jamais deux fois la même lettre et dont on se sert pour faire un code.

Rendez-vous – Rencontre entre les différents membres d'un même réseau.

Repère – Signal qui désigne l'emplacement d'un "drop".

Réseau d'agents secrets – Un groupe d'A.S. qui travaillent secrètement ensemble.

Révélateur – Permet de faire apparaître un message invisible.

Sécurité – Une règle d'or pour un A.S.; ce sont les mesures prises non seulement pour éviter un accident, mais aussi pour échapper à toute identification par un A.S. adverse.

Solutions

Solution de « Qui est le traître ? ». Messages codés pages 20-21.

Ces messages montrent que Aigle est le nouveau chef et Renard le traître. Les avez-vous identifiés ?

Paris appelle Delhi (Salade de lettres).
Notre chef est démasqué. Aigle le remplace. Êtes-vous Aigle ?
Delhi appelle Paris (Code-Pendule).
Je ne suis pas Aigle. Le traître est Renard. Qui est Renard ?
Delhi appelle le Caire (Double Désordre).
Renard est le traître. Loup le connaît. Je ne suis pas Loup. Qui est Loup ?
Le Caire appelle Delhi (Code-Sandwich).
Les noms de code doivent rester secrets mais je ne suis ni Loup ni Renard.
Le Caire appelle Paris (La lettre intruse).
Si vous êtes Loup, connaissez-vous Renard ?
Paris appelle Le Caire (Salade de lettres).
Vautour devrait savoir qui est Renard. Je ne suis ni Loup ni Vautour.

Le Caire appelle Helsinki (Désordre organisé).
Renard nous a trahis. Parlez-en à Vautour. Je ne suis ni l'un ni l'autre.
Helsinki appelle Le Caire (Double désordre).
Aigle est notre nouveau chef. Je ne suis pas Loup. Qui est Loup ?

Identification du traître et du nouveau chef des pages 20-21.

(Retournez le livre).

L'A.S. du Caire a laissé entendre qu'il n'est ni Loup, ni Renard ni Vautour. Donc, il doit être Aigle. L'A.S. de Paris ne peut pas être Aigle, mais il a dit qu'il n'était ni Loup ni Vautour. Ce doit donc être lui le traître et par conséquent Renard.

Réponse à « Chiffreurs à vos grilles », page 26.

Le V qui commence le message se retrouve isolé à deux reprises. Ce ne peut donc être qu'un A (peu probable en effet qu'un Y revienne aussi souvent tout seul). Le message relève donc des grilles 7-8. On peut lire :

A.S. REMI A DECOUVERT CACHE À CONFITURES ALERTEZ COPAINS.